LE

DERNIER EMPIRE

PARIS

E. DENTU, LIBRAIRE - ÉDITEUR

Palais-Royal, galerie d'Orléans

—

1875

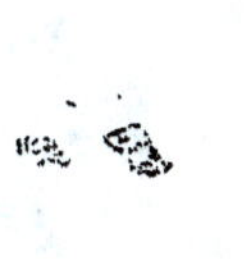

LE DERNIER EMPIRE

LE
DERNIER EMPIRE

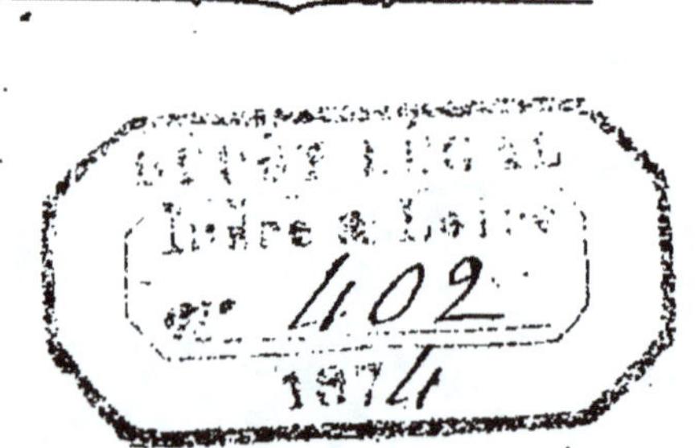

PARIS

E. DENTU, LIBRAIRE-ÉDITEUR

Palais-Royal, Galerie d'Orléans.

—

1875

LE DERNIER EMPIRE

L'instabilité de toute république en France, — la menace permanente des émeutes avec leur inévitable cortége de pillage et d'assassinats, — l'abaissement et l'énervement des caractères, — la désorganisation sociale mûrie par les mensonges et les doctrines fatales de la Révolution, — un dernier souvenir de la légende de Napoléon Ier où les erreurs, les crimes, le despotisme et les désastres disparaissaient au loin dans un vague rayonnement de gloire militaire, — permirent à Louis-Napoléon Bonaparte de s'emparer violemment du pouvoir suprême.

Ce règne de dix-huit ans commença par l'émeute et finit par l'invasion.

La tranquillité relative à l'intérieur au sortir de la république, l'éclat de victoires lointaines et sans fruit, le développement inouï du commerce et de l'industrie commun à toute l'Europe pendant cette période, donnèrent aux premières années de l'Empire une fausse apparence de grandeur et de prospérité.

Mais, de faiblesses en faiblesses et de chutes en chutes, le gouvernement personnel de Napoléon III conduisit la France à une ruine inévitable.

On peut juger de ce que l'Empire fit de notre armée par le résultat de ses guerres. Dans la guerre de Crimée, au lendemain de la proclamation de l'Empire, notre vieille armée, formée par l'Afrique, obtint un succès incontesté. Puis vint la guerre d'Italie, dont les victoires restèrent douteuses ; puis l'expédition du Mexique, dont les défaites, hélas ! trop réelles, furent en partie dissimulées par l'éloignement ; puis, chez nous, la guerre de Prusse, les déroutes succédant aux défaites, les places fortes tombant presque sans résistance, les grandes villes prises par quatre uhlans, et, chose jusqu'alors inconnue dans notre histoire, deux armées françaises de plus de cent mille hommes mettant bas les armes !

Malgré la prospérité matérielle du pays, les impôts furent doublés, et quoique les impôts fussent doublés, l'Empire emprunta plus de deux cents millions par an et augmenta la dette publique de dix milliards.

Par sa politique intérieure, l'Empire excita les

passions révolutionnaires, organisa les forces de l'émeute, et, en tombant, nous légua la Commune.

Par sa politique extérieure, il nous sépara de nos alliés, il nous fit partout abandonner la cause du droit et de l'honneur pour nous compromettre dans des trafics infâmes, et en tombant, il nous livra pieds et poings liés à l'invasion prussienne, au rançonnement, au démembrement.

Raconter l'histoire de l'Empire, c'est exposer les causes et les effets de la décadence d'un grand peuple, c'est montrer la ruse remplaçant la loyauté, la soif des jouissances remplaçant le sentiment du devoir, les expédients remplaçant les principes. C'est, en face de l'Europe, calme, puissante et prospère avec ses vieilles monarchies héréditaires, montrer la France s'en allant à la dérive sur le gouffre de la Révolution, guidée par la main vacillante, maladroite, souillée à tous les métiers, d'un aventurier de pacotille, qui avait ramassé dans une émeute la plus belle couronne de l'univers.

I

ORIGINE DE NAPOLÉON III.

Le prétendu neveu de Napoléon Ier, qui osait s'imposer à la France comme fils du roi de Hollande, Louis Bonaparte, et de la reine Hortense, n'était même pas du sang des Bonaparte. Le roi de Hollande l'a toujours et solennellement, par actes authentiques et publics, renié comme son fils. Même quand il fut arrivé au pouvoir, la famille Bonaparte, qui n'avait cependant pas à se montrer par trop sévère, ne se fit pas faute d'accuser son origine, et jusqu'au bout le vieux roi Jérôme lui reprocha de n'avoir rien des Napoléon. Mais Louis-Napoléon n'était pas d'une délicatesse à s'effrayer outre mesure de ce titre de bâtard ; il en plaisantait même volontiers. Il ne se hasarda jamais à revendiquer son père ; il se contenta de faire chanter les louanges de la reine Hortense. Un homme un peu fier ne se serait cependant pas vanté d'une telle mère. Le cardinal Fesh, qui la connaissait bien, pour être lui-même de la famille, disait d'elle : « Quand il s'agit des pères de ses « enfants, Hortense s'embrouille toujours dans « ses calculs. »

Louis-Napoléon naquit à Paris, le 20 avril 1808, dans un de ces séjours prolongés qu'y faisait la reine Hortense, loin de son mari.

Dans son enfance il ne semblait pas destiné à devenir jamais un héros. Le roi Louis, le meilleur homme de cette triste famille, dit quelque part de lui dans une lettre (1819) : « L'indocilité, l'ex- « trême bavardage, les pasquinades, surtout les

« mauvais lazzis dont il a l'habitude… m'ont
« affligés. »

Il fut élevé au collége d'Augsbourg, et le milieu
allemand où il vivait laissa une trace ineffaçable
sur le caractère et les idées du bâtard hollandais.
Il étudia ensuite l'artillerie et le génie à l'école de
Thun, en Suisse. Plus tard il devint même citoyen
de Thurgovie et fut nommé capitaine d'artillerie
à Berne.

II

NAPOLÉON III CONSPIRATEUR.

Rien jusque-là ne pouvait faire présager la future grandeur de Louis-Napoléon. Renié par son
père, il était méprisé du reste de sa famille, et ses
oncles avaient cessé toutes relations avec lui.

Mais il était né conspirateur, et l'éducation
qu'il avait reçue de sa mère avait developpé de
bonne heure en lui les penchants de la nature.

« Toujours l'oreille aux aguets, surveillez les oc-
« casions propices, disait la reine Hortense à son
« fils; à tout événement, soyez prêt, jusqu'à ce
« que vous puissiez vous-même préparer les
« événements. »

La reine Hortense rêvait un trône, n'importe
lequel, pour son fils.

1.

Elle essaya d'abord du Portugal ; ayant échoué, elle se retourna vers l'Italie.

Dès qu'on organisa l'insurrection des Romagnes, elle y lança ses deux fils. Ils s'affilièrent aux sociétés secrètes, se firent carbonari. Mais l'aîné, ayant manifesté des scrupules au dernier moment, fut assassiné par ses complices. La famille Bonaparte, qui ne vivait que par la générosité du Saint-Père, protesta contre la conduite des fils de la reine Hortense. « J'ai frémi d'indi-
« gnation, écrit le roi Louis, quand j'ai appris la
« tentative criminelle de mon fils contre l'auto-
« rité de Votre Sainteté... Le malheureux enfant
« est mort, que Dieu lui fasse miséricorde ! Quant
« à l'autre (Louis-Napoléon), qui usurpe mon
« nom, vous le savez, Saint-Père, celui-là, grâce
« à Dieu, ne m'est rien. J'ai le malheur d'avoir
« pour femme une Messaline qui accouche... »

La reine Hortense songea ensuite au trône de Pologne, et entama avec le comte Plater des négociations qui restèrent sans succès.

Enfin le fils unique de Napoléon, le duc de Reichstadt, étant mort, la France devint le but de toutes les convoitises de cette mère de conspirateurs, et Louis-Napoléon organisa contre la France une conspiration permanente.

Profitant des leçons maternelles, il était depuis longtemps aux aguets. La révolution de 1830 lui

avait semblé une occasion favorable. « Je ne
« connaissais alors personne en France, écrit-il
« en parlant de cette époque, et cependant, dès la
« première nouvelle, je me décidai à partir. »

Mais la chambre des députés ayant voté le
maintien de la loi qui bannissait les Bonaparte,
il dut attendre.

En 1835, nouvel essai infructueux.

Enfin, en 1836, ayant recruté quelques parti-
sans, parmi lesquels le sieur Fialin, qui se faisait
appeler de Persigny, ancien sous-officier de cavalerie ; la pauvre Eléonore Gordon, chanteuse, et
autres gens prêts à tout oser, n'ayant rien à
perdre, il essaya d'une émeute à Strasbourg. Il
fut aussitôt pris et amené à Paris. Louis-Philippe
le fit conduire en Amérique, après avoir reçu de
lui le serment de s'y fixer et de ne plus rien tenter
contre la France.

Louis-Napoléon n'était pas homme à se gêner
beaucoup pour un serment. Dès l'année suivante il
était de retour en Suisse, d'où il passait en Angleterre, pour préparer une nouvelle conspiration.

En effet, le 6 août 1840, il débarquait à Boulogne, à la tête d'une bande d'aventuriers décidés
à conquérir la France. Les conjurés étaient cette
fois en plus grand nombre ; ils avaient un peu
d'argent, environ 400 mille francs, des bagages,
des voitures, des chevaux, et même un aigle

vivant. Malgré tout cet attirail de bric-à-brac, ils furent mal accueillis par les soldats et les bourgeois. Louis Bonaparte, furieux, blessa un grenadier d'un coup de pistolet. Mais le burlesque succéda bientôt au tragique : les conjurés s'étant jetés dans un canot pour se sauver, le canot chavira, et le grand conspirateur fut repêché, piteux et confus, par les soldats.

Il est des gens que le ridicule ne tue pas.

Cette fois il fut condamné à l'emprisonnement perpétuel et enfermé dans la forteresse de Ham. On ne pouvait être plus clément. Encore les rigueurs de la captivité lui furent-elles adoucies autant que possible. Le roi Louis-Philippe, dans son admiration bourgeoise envers Napoléon Ier, avait toujours eu un faible pour la famille des Bonaparte. Il avait fait rapporter avec solennité de l'île Sainte-Hélène les cendres du grand homme ; il avait écouté bénévolement les doléances de la reine Hortense ; quand il avait été forcé de bannir en Amérique cet incorrigible tapageur, il lui avait fait don de 16,000 francs. Disons en passant que celui-ci, parvenu au pouvoir, montra peu de gratitude pour cette bienveillance que n'avaient lassée ni les complots, ni les parjures : son premier acte fut de s'emparer des biens de la famille d'Orléans, ce qu'on appela le premier *vol* de l'aigle.

Louis-Napoléon fut donc autorisé à recevoir de fréquentes visites, à entretenir une correspondance très-étendue, et même à écrire dans les journaux et à publier des ouvrages. C'est à Ham que fut composé son essai sur l'*Extinction du Paupérisme en France*. Cet opuscule socialiste obtint un certain succès auprès des démocrates, et la qualité de détenu politique acheva d'assurer à l'auteur l'estime et la considération du parti révolutionnaire.

Après avoir vainement sollicité la liberté provisoire, sous prétexte d'aller soigner son père infirme, Louis Bonaparte s'échappa de sa prison, le 25 mai 1846, déguisé en maçon, avec une casquette, des sabots, et la pipe à la bouche. Il ne se rendit pas auprès de son père, qui mourut deux mois après, sans l'avoir revu ; il reprit simplement son métier de conspirateur.

La révolution de 1848 vint combler ses vœux : toutes ses chances de réussite, tout son espoir étaient dans les malheurs de la France. Il partit en hâte de Londres le 22 février, et arriva le 25 à Paris. Le 26, il était ramené à Boulogne par ordre du gouvernement.

Il n'est peut-être pas inutile de connaître les opinions que professait alors le citoyen Bonaparte. Elles donnent un certain relief d'inattendu aux principes et aux procédés du futur empereur.

Au mois d'avril 1848, il fit placarder à Boulogne une proclamation grotesque, pour le fond comme pour la forme, dont voici quelques passages :

« . . C'est comme républicain, démocrate sincère
« et ardent, que je me présente à vous...
« La République démocratique sera l'objet de mon
« culte ; j'en serai le prêtre.
« Jamais je n'essaierai de m'envelopper dans la
« pourpre impériale.
« Que mon cœur se dessèche en ma poitrine, le jour
« où j'oublierais ce que je vous dois à tous, ce que je
« dois à la France.
« Que ma bouche se ferme pour toujours, si je pro-
« nonçais jamais un mot, un blasphème contre la sou-
« veraineté républicaine du peuple français.
« Que je sois maudit le jour où, par faiblesse, je
« permettrais qu'on propageât, à l'abri de mon nom,
« des doctrines contraires au principe démocratique
« qui doit diriger le gouvernement de la République !
« Que je sois condamné aux gémonies le jour où,
« coupable et traître, j'essayerais de porter une main
« sacrilége sur les droits du peuple, *soit de son aveu*
« *en le trompant, soit contre son vœu par la force*
« *et la violence !* »

Ce prêtre de la République démocratique recueillit en effet les malédictions qu'il attirait sur sa tête et fut condamné aux gémonies, non le jour où il renversa, en trompant et en violentant le peuple, une République de hasard, mais — trop tard, hélas ! —le jour où, à Sedan, le peuple de France, si longtemps violenté et trompé, vit tomber dans la boue cette idole de l'incapacité, de la trahison, du parjure et du despotisme.

Et cependant cet homme, couvert de ridicule par toutes ses conspirations piteusement avortées, condamné au bannissement, puis à la détention perpétuelle, fut nommé député quelques mois après, grâce aux manœuvres éhontées de ses complices. Mais l'opposition fut si grande à la Chambre qu'il dut donner aussitôt sa démission.

Alors s'émeut tout le petit parti bonapartiste. Ces gens-là sont perdus de dettes et ont d'immenses besoins de jouissances : il leur faut des places. Par les clubs, les journaux, les sociétés secrètes, ils travaillent si bien l'opinion publique que Louis Bonaparte est réélu. Le 26 septembre 1848, il siége à l'Assemblée ; le 10 décembre il est nommé président de la République pour quatre ans.

Il prête serment de fidélité à la République, et déclare qu'il regardera « comme ennemis de la « patrie tous ceux qui tenteraient, par des voies « illégales, de changer la forme du gouvernement « établi. »

Dès lors il ne songe plus qu'à violer son nouveau serment, et prépare une dernière conspiration. Cette fois il tenait en main tous les éléments de réussite. A la tête de l'armée de Paris, il avait placé M. Magnan, à la police M. de Maupas ; il avait confié le commandement de la garde nationale au général de Lavœstine. Les esprits étaient tellement fatigués de la République, que le champ semblait libre à toutes ses convoitises. Mais plutôt que de demander ouvertement ce qu'il désirait et ce que, maître absolu, il eût obtenu, il se fit encore une fois émeutier. Quel autre que cet éternel insurgé aurait jamais eu l'idée de faire dresser des barricades quand la France était en paix et que lui-même était à la tête du gouvernement? Et encore une fois il voulut se parjurer, rassurant jusqu'au dernier moment ceux qui craignaient un coup d'État, par ces paroles : « Je suis le seul « homme en France qui soit lié à la République « par un serment solennel. » Et il étouffa la République.

Dans la nuit du 1ᵉʳ au 2 décembre 1851, sans que la tranquillité publique eut été en rien ni troublée, ni menacée, il fit occuper militairement le palais de l'Assemblée, afficher la dissolution de la Chambre, et arrêter soixante-dix personnes, dont seize représentants et les généraux les plus en vue : Cavaignac, Lamoricière, Changarnier, Bedeau, Le Flô. Dans la soirée, deux cent trente députés furent encore arrêtés. Le 3 et le 4 décembre, les barricades s'élevèrent. Les soldats, grisés par le vin et les proclamations, ayant de l'argent plein les poches, tirèrent d'abord au hasard et sans provocation, puis fusillèrent sans jugement tout ce qu'ils trouvèrent sur les barricades ou dans les rues. Comme personne ne put vérifier le nombre des victimes, on déclara qu'il n'y en avait eu que trois cent quatre-vingts.

En plus du sang versé, les frais de cette atroce et inutile comédie s'élevèrent à des sommes considérables. Louis-Napoléon avait emprunté de tous côtés : une anglaise, miss Howard, lui avait prêté six millions.

Tout cela dans l'unique but de se faire renommer président de la République pour dix ans.

Et il fut renommé par près de huit millions de suffrages.

Ce n'est pas cependant qu'on l'eût absous dès le lendemain des assassinats, des déportations, de la dispersion par la force de la Représentation nationale et de la violation de toutes les lois; la France n'était pas encore tombée aussi bas. Mais Louis-Napoléon ayant renversé la Chambre et tous les pouvoirs constitués, ayant suspendu l'effet des lois et déchaîné l'émeute, se trouvait le seul pouvoir resté debout en France et ne nous avait laissé de choix qu'entre son despotisme ou celui de la canaille en armes.

Tactique infâme ! la seule idée politique des Bonaparte, le seul procédé de gouvernement que Louis-Napoléon sut mettre en œuvre pour rallier autour de lui tous les hommes paisibles qui le méprisaient : la terreur du pillage, de l'incendie et des massacres !

Plus tard il tirera le même parti de la sotte opposition républicaine, à la Chambre, et des conspirations contre sa personne, et des mouvements inquiétants des associations ouvrières ; dans le même but, il fondera l'*Internationale*, afin de pouvoir dire aux honnêtes gens de toute opinion qui forment l'immense majorité du peuple français : Moi ! ou l'émeute triomphante. Et les cœurs amolis ont demandé la servitude par peur de la mort.

Cette présidence pour dix ans ne fut qu'un court acheminement à l'empire. Louis-Napoléon prit d'abord la dictature, et décréta une nouvelle constitution. Il créa un sénat, à l'instar de celui du premier empire. Il s'attribua le droit de désigner en cas de mort le successeur qu'il recommanderait au choix de la France ; c'était déjà l'hérédité. Il remplaça par l'aigle le coq des drapeaux.

Toutefois, le 29 mars, pour le plaisir de mentir plutôt que dans l'espoir de tromper personne, il protesta encore contre l'idée qu'on lui prêtait de vouloir proclamer l'empire, « les moyens ni « les occasions, disait-il, ne lui ayant pas man- « qué, » s'il y eut pensé.

En octobre, il visita une partie de la France.

C'est à Bordeaux, pendant cette tournée électorale, qu'il prononça ces mots restés célèbres par le démenti sanglant que leur infligea son règne : « L'empire, c'est la paix ! C'est la paix, car la « France la désire, et lorsque la France est sa- « tisfaite, le monde est tranquille... Malheur à « celui qui donnerait en Europe le signal d'une « collision !... »

Enfin Louis-Napoléon se laissa faire une douce violence. Le sénat, consulté, vota le rétablissement de l'empire, et le 2 décembre 1852, l'infatigable conspirateur était proclamé Empereur des Français.

III

NAPOLÉON III ET SA COUR.

Napoléon III avait un beau rôle à jouer, s'il avait pu oublier les habitudes et les tendances de son passé. Il était assuré du concours de tous pour bien faire. La répulsion naturelle de la majorité pour la République et la malheureuse division des monarchistes lui laissaient toute facilité de rallier autour de son trône les bonnes volontés de tous les partis.

Mais il ne sut pas s'agrandir à ce nouveau

rôle ; il resta toujours l'aventurier parvenu, aux courtes visées, aux petits expédients.

C'était un homme usé par la débauche, froid, rêveur, indécis, enclin aux utopies, d'une intelligence médiocre. Sa grande force était un calme confinant à la paresse et au fatalisme.

Profondément fourbe, les voies les plus tortueuses lui semblaient les plus naturelles, et tous les moyens également bons, pourvu qu'ils ne fussent pas francs et n'allassent pas droit au but. Les notions du vrai et du juste étaient incertaines pour son jugement : il ne connaissait ni scrupules ni remords.

Les hasards de sa vie aventureuse lui avaient donné des complices hardis, résolus, souvent intelligents, n'ayant à perdre que leurs dettes et avides de gagner pour jouir. Les Magnan, les Saint Arnaud, les Morny, les Mocquard, voulaient et exécutaient pour lui. Compromis avec lui et défendant la sécurité de l'Empire comme leur sécurité personnelle, ils étaient ses maîtres.

Dès qu'il fut empereur, Napoléon III essaya, mais vainement, d'épouser une princesse de quelque famille régnante. Toutes les cours d'Europe furent fatiguées de ses sollicitations.

Le hasard, le caprice d'un moment lui firent prendre mademoiselle de Montijo. En annonçant cette résolution, il déclara qu'élu du peuple, il devait dédaigner les princesses et se retremper dans une « alliance populaire. » En conséquence, il épousait une étrangère, comtesse de Téba, à laquelle on s'empressait de trouver une généalogie princière et fabuleuse.

Grand fut l'étonnement causé par ce choix. On racontait sur Mlle de Montijo et sur sa mère de singulières anecdotes. Certes, sa naissance, son éducation, sa jeunesse dissipée, la légèreté de ses allures, ne semblaient pas la prédestiner à régner sur la France.

La nouvelle impératrice apporta aux Tuileries, avec ses habitudes du demi-monde, un goût inouï pour les dépenses folles et les toilettes tapageuses, mal qui ne tarda pas à se répandre dans toutes les classes de la société, sous la protection d'un si haut exemple. L'industrie et le commerce tirèrent un moment parti de ce luxe effréné, mais ce même luxe dissipa aussitôt les profits et les épargnes, et prépara des désastres aussi sensibles aux fortunes qu'à la moralité.

Les libéralités de la femme ne peuvent racheter l'influence pernicieuse de l'impératrice sur les destinées de la France; elle travailla inconsciente à la décadence, et prépara la catastrophe où sombra l'Empire.

Le mariage de l'Empereur introduisit à la cour des intrigants et des aventuriers de toute l'Eu-

rope, espagnols, italiens, hongrois, polonais, etc.
Les uns sollicitaient un appui pour la révolution
dans leur pays ; les autres vivaient de trafics hon-
teux, d'intrigues scandaleuses. Tous étaient ven-
dus et à revendre : leur prix était connu.

Car il y avait de l'argent à gagner, et chacun
remplissait ses poches. Tout l'entourage de l'empereur, parents et familiers, se jeta d'abord dans
les jeux de Bourse. Il en résulta des procès où les
membres de la famille Bonaparte se trouvaient
compromis avec les plus vils agioteurs.

Puis on inventa les caisses de dotation de l'armée ; les remplacements militaires se firent par
l'Etat ; on imagina la transformation perpétuelle
de l'armement. Chacun put puiser là presque sans
contrôle et s'enrichir scandaleusement.

Qu'y a-t-il d'étonnant à ce que les fonctionnaires volassent effrontément, et à ce que les imi-
tateurs ne leur aient pas manqué à tous les degrés
de l'administration ?

L'Empereur, d'ailleurs, était plein d'indulgence
pour de tels délits ; les honneurs et les plus hauts
emplois servaient souvent à les récompenser.

Cet argent si facilement gagné n'était d'ailleurs
pas aussi thésaurisé qu'on l'a dit. L'Empereur dé-
pensait sans compter, en caprices, en libéralités,
et jusqu'en améliorations utiles, les milliards
ainsi ajoutés à sa liste civile. L'Impératrice et les

membres de la famille Bonaparte, toujours gas-
pilleurs et nécessiteux, l'aidaient de leur mieux
dans cette immense dilapidation.

IV

POLITIQUE DE L'EMPIRE.

Si le coup d'État du 2 décembre a été possible,
c'est que la France était profondément gangrenée
par les doctrines révolutionnaires, qu'elle s'était
habituée au triste spectacle du triomphe de l'é-
meute, et que la recherche des satisfactions matérielles avait remplacé partout les inspirations
du devoir et de l'honneur.

Cette dégradation morale nous mit au pouvoir
de Napoléon III. Il le savait, et pour nous y rete-
nir, il poussa jusqu'au bout ce système de l'énervement d'un grand peuple par les fausses doctrines et les satisfactions matérielles. Mais il ne
vit pas que détruire les notions du droit, du
dévouement, de l'honneur, c'était saper les étais
de son trône, qui s'écroulerait au premier souffle
de tempête dans l'abandon et le mépris.

Pour la politique intérieure, Napoléon III n'a-
vait qu'un but : opposer les unes aux autres les
différentes classes de la société. Ses deux instru-

ments favoris furent la centralisation et le suffrage universel.

Par la centralisation, les fonctionnaires de tout rang, qui couvraient la France, épuisant ses forces vives, sans attaches au pays qu'ils administraient et ne rendant de comptes qu'à l'État, obéissaient à un mot d'ordre, sous peine d'être immédiatement relevés de leurs fonctions.

Par le suffrage universel, qui a toujours été et sera toujours un instrument de despotisme, Napoléon III sut si bien légitimer ses fautes et ses crimes, que l'accuser maintenant c'est presque nous accuser nous-mêmes. Pour les élections, comme pour les plébiscites, il le mania avec une adresse et une impudence rares.

Qu'il voulût nous faire endosser la responsabilité du coup d'État de décembre, nous faire proclamer que nous désirions l'empire, ou obtenir de nous un vote de confiance quand il nous lançait sans préparation dans les hasards de la guerre contre la Prusse, il obtint toujours près de huit millions de suffrages.

Son procédé, en dehors des manœuvres électorales les plus honteuses, était bien simple; il ne s'agissait que de montrer à propos, tantôt le spectre rouge, tantôt le spectre blanc. Pour les uns, il était le vainqueur de la république et des émeutes; pour les autres, le gardien des conquêtes de la révolution.

Tandis qu'il faisait organiser des complots par
ses agents de police, qu'il soldait les principaux
meneurs des sociétés secrètes et de l'Internationale, qu'il profitait de l'opposition républicaine
dans les Chambres pour effrayer les hommes
d'ordre et les réunir autour de lui, il flattait les
passions populaires, entretenait les vieilles haines
contre la noblesse et le clergé, favorisait les ins-
titutions socialistes, et rêvait l'anéantissement
de la bourgeoisie par l'avènement de la « démocratie dirigée par la main puissante des Césars. »

Il n'est jamais difficile d'exciter les rancunes
et les convoitises de certaines classes de la société;
mais l'Empereur, par les immenses travaux de
Paris qui attiraient dans cette ville des milliers
d'ouvriers accumulés dans les faubourgs, par
l'enchérissement de la vie matérielle, comme
par les engagements révolutionnaires de son
passé, favorisa singulièrement l'action des sociétés secrètes. Les chefs de la démocratie se trouvèrent bientôt repoussés par des opinions plus
radicales, et les extravagances criminelles de la
Commune devinrent faciles à prévoir et difficiles
à prévenir.

Il est impossible d'énumérer toutes les tenta-
tives de régicide et d'émeute écloses sous l'influence d'un tel système politique. Napoléon III
était trop fataliste pour craindre le poignard ou

le pistolet ; il craignait moins encore une insurrection. D'ailleurs, lié par son passé, par son aveuglement, par sa faiblesse même, il laissait faire ou encourageait sous main.

En 1852, complot de la rue de la reine Blanche ; complot, à Marseille, de la société secrète des *Invisibles* ; en 1853, complot de la *Commune révolutionnaire* ; complot de l'Hippodrôme, de la Société d'Horticulture, de l'Opéra-Comique ; en 1855, complot de Pianori, tentative de Bellemare aux Italiens, émeute à Angers ; en 1857, complot de Tibaldi ; en 1858, complot d'Orsini et Pieri, etc.

Ces complots incessants étaient le principal rouage de la politique impériale. L'attention publique, tenue en haleine, était ainsi détournée des affaires. Le hideux spectre rouge se pavanait au grand soleil. Les hommes d'ordre étaient consternés ; les hommes de désordre, excités, soudoyés au besoin, étaient enchantés de s'entretenir la main, et, quoique battus pour le présent, se croyaient maîtres de l'avenir.

Aussi, en 1856, l'élu du peuple obtint-il de la majorité honnête et tranquille une loi draconienne, une loi des suspects :

« Art. 2. — Est puni d'un emprisonnement d'un mois « à deux ans et d'une amende de 100 à 2,000 francs « tout individu qui, dans le but de troubler la paix pu- « blique ou d'exciter à la haine et au mépris du gou- « vernement de l'Empereur, a *pratiqué des manœu-*

« *vres ou entretenu des intelligences, soit à l'inté-*
« *rieur, soit à l'étranger.*

« Art. 5. — Tout individu condamné pour l'un des
« délits prévus par la présente loi peut être, *par mesure*
« *de sûreté générale,* interné dans un des départe-
« ments de l'empire ou en Algérie, ou expulsé du ter-
« ritoire français. »

Quelle garantie restait-il à la liberté individuelle quand, par mesure de sûreté générale, on
pouvait être expulsé du territoire français pour
manœuvres pratiquées ou intelligences entrete-
nues, soit à l'intérieur, soit à l'étranger ? N'est-ce
pas un crime bien vague et commis involontaire-
ment tous les jours, dans toute la France, par
tout citoyen, homme, femme ou enfant, que de
pratiquer des manœuvres ou entretenir des intelligences, soit à l'intérieur, soit à l'étanger ?

Défendant ce projet de loi, M. Baroche, ex-ré-
publicain farouche qui s'était vanté après 1848
d'avoir devancé la justice du peuple, disait effrontément : « L'Empire repousse ce système de con-
« cessions, *ce respect exagéré des scrupules des lé-*
« *gistes,* qui ont amené les révolutions de 1830 et
« de 1848. »

Et l'Empereur disait au général Espinasse,
ministre de l'intérieur : « Il faut qu'on vous
« craigne ; sans cela votre nomination n'aurait
« plus de raison d'être. »

Chaque préfet eut à sa disposition des mandats

d'amener en blanc. Près de 2,000 personnes furent arrêtées.

Telle était la liberté individuelle comme la comprenait l'Empire, au moment où il semblait en France assuré d'une longue existence paisible, et où il pouvait parler en maître à l'Europe, après nos victoires de Crimée.

Et cette situation n'était pas sortie toute faite du hasard, ni des circonstances ; il l'avait voulue sciemment, il l'avait préparée par tous les moyens. Il avait alimenté les espérances et les audaces des *communeux* de l'avenir pour que nous lui demandassions d'être despote, et nous étions écrasés entre ces deux monstres nés pour notre honte sur le sol de la France, et qui n'ont jamais pu s'acclimater ailleurs, le despotisme impérial et la révolution sociale.

La politique extérieure de l'Empire acheva la ruine si soigneusement préparée.

Napoléon III avait annoncé par son fameux discours de Bordeaux que l'Empire serait la paix ; l'Empire fut la guerre perpétuelle, et on alla la chercher jusqu'en Amérique, jusqu'en Chine.

Pour maintenir sous le joug un peuple dont on flattait sans cesse les passions révolutionnaires, il fallait une armée considérable, et, pour motiver cette armée, la guerre en permanence.

Après le règne de « la paix à tout prix, » il semblait nécessaire à Napoléon III de flatter les instincts militaires de la nation. La guerre était aussi partie principale dans la légende napoléonienne. Enfin, elle liait les mains aux factieux, et laissait l'Empereur seul maître de toutes les forces et de toutes les ressources du pays.

Napoléon III avait étudié la politique dans les société secrètes d'Italie. Là il avait pris en haine, comme tous les révolutionnaires de ce siècle, la Papauté, la maison de Bourbon et l'Autriche.

En dehors de toute question religieuse, de nos traditions nationales, des engagements de notre passé tout entier, de notre titre de première nation chrétienne, titre d'honneur et obligation de dévouement, notre rôle naturel était de soutenir le pouvoir temporel et spirituel du Pape. Nos intérêts en Europe et dans le monde entier avaient toujours été intimement liés à ceux de l'Église. Partout où s'élevait une croix flottait aussi le drapeau français. Car, dès les temps les plus reculés du moyen âge, la France avait prêté l'appui de son épée à l'œuvre de civilisation et de régénération entreprise par Rome. Chaque pas de la religion et de la civilisation dans le monde avait agrandi le cercle de nos relations politiques et commerciales, étendu notre influence. Rome ne pouvait que parler; la France agissait, et toute

2.

nation chrétienne se fiait à notre protection : nous étions l'aîné de la famille.

Personnellement indifférent à toute question religieuse, élevé dans les idées révolutionnaires et ne pouvant demander qu'à la révolution la satisfaction de ses convoitises, ce même Napoléon Bonaparte qui avait conspiré dans sa jeunesse contre le Pape, devenu président de la République, avait compris ce rôle de la France dans le monde et avait dû soutenir le pouvoir temporel.

Les circonstances semblaient lui imposer de suivre pendant son règne la même ligne de conduite. La nécessité pour la France de défendre les États pontificaux n'avait jamais été plus évidente : les plus grands intérêts matériels étaient en jeu. Car les Italiens, révolutionnaires par tempéramment, au lieu de rester divisés en petits États ou impuissants ou alliés, cherchaient à former sur notre frontière même, aux dépens des États pontificaux, du royaume de Naples et des duchés de Toscane, de Parme et de Modène, un vaste royaume, turbulent, envieux, rapace, toujours à l'affût des malheurs qui pourraient nous arriver, comme d'excellentes occasions de s'accroître à nos dépens. Or, nous avions un corps d'armée à Rome, et nous pouvions parler en maîtres au Piémont envahisseur, assurés de la sympathie du Pape comme de celle du royaume de Naples et du duché de Parme, gouvernés par des Bourbons.

Il n'est pas besoin de sentiments religieux, le simple bon sens suffit pour comprendre que cette position avantageuse au milieu de l'Italie devait être conservée. Napoléon III le savait bien ; mais tandis que les bandits italiens osaient tout et trouvaient dans leur audace leur principal moyen de succès, lui hésitait sans cesse. Il avait bien juré autrefois de renverser le Pape ; mais les serments ne lui avaient jamais servi qu'à tromper les gens, et il ne tenait pas plus à celui-là qu'aux autres. Cette promesse lui était rappelée par les assassins, exécuteurs des arrêts des sociétés secrètes ; mais il avait confiance en sa police et en son étoile. Il ne faut pas chercher là les motifs de sa conduite : il aimait la révolution pour elle-même, et surtout il hésitait. S'il menaçait trop fort, le Piémont promettait, et ne s'en gênait pas plus pour cela. Ce qu'il voulait un jour, il ne le voulait plus le lendemain. Si bien que, peu à peu, toute l'Italie fut envahie par les troupes piémontaises, et qu'il poussa la faiblesse jusqu'à promettre de retirer les nôtres de Rome. Et il le fit.

Que fallait-il pour empêcher cette grave atteinte à notre influence ? Une parole un peu ferme et rien de plus. Quand, après toutes ses tergiversations, poussé à bout par l'impudence de nos ennemis, il se décida à renvoyer quelques soldats à Rome, l'armée piémontaise, s'apercevant que les menaces, si longtemps vaines, auxquelles elle ne croyait plus, allaient s'exécuter, rétrograda et ne bougea plus ; le corps expéditionnaire ne perdit que deux hommes au combat de Mentana.

Était-ce aveuglement ou faiblesse de caractère ? était-ce système ou fatalité ? toujours est-il que Napoléon III sembla s'acharner, soit par la guerre, soit par un lâche abandon, à la ruine de tous nos alliés naturels, petits et grands, pour le seul profit de nos ennemis les plus invétérés. La Russie fut sacrifiée à l'Angleterre ; l'Autriche et le Danemarck à la Prusse ; les États de l'Église, le royaume de Naples et les duchés d'Italie au Piémont ; l'Espagne à la révolution.

L'appréciation de ces erreurs de la politique de Napoléon III trouvera naturellement sa place à côté du récit des guerres de l'empire. Si je viens de parler plus en détail des fautes commises en Italie, c'est que là se trouve en germe tout ce qui devait forcément amener notre ruine : abandon d'alliés éprouvés et sûrs pour servir les complots d'aventuriers avides de conquêtes ; théories absurdes des nationalités, des faits accomplis et de la non-intervention ; amoindrissement de l'Autriche, et par suite formation du royaume d'Italie et de l'empire d'Allemagne.

Vouloir répartir les peuples par nationalités, c'est vouloir refaire la carte d'Europe, car il n'est pas de grand pays qui ne contienne plusieurs races différentes.

Légitimer tous les envahissements et toutes les déprédations, par cela seul qu'ils sont faits accomplis, c'est admettre que l'honnêteté ne consiste que dans le succès; c'est admettre que, le larcin empoché, il ne faut pas déranger le voleur de ses affaires, ou, le décès une fois bien constaté, créer des ennuis à l'assassin.

Reconnaître le principe de non-intervention, c'est livrer les faibles aux fantaisies des puissants, détruire toute société, et s'incliner devant le droit du plus fort.

C'est par une application rigoureuse de ces trois principes de Napoléon III que l'Alsace et la Lorraine sont aujourd'hui provinces allemandes.

D'ailleurs, ce serait faire trop d'honneur à l'esprit politique de Napoléon III que de lui supposer un système, même mauvais, raisonné, voulu et suivi. Il se fourvoyait au jour le jour, suivant les caprices de ses conseillers et suivant ses propres instincts. Or ses conseillers n'étaient autres que ses anciens complices, et sous l'habit galonné de l'Empereur vivait toujours le carbonaro, l'émeutier de Strasbourg et de Boulogne, l'homme du 2 décembre. Cet homme-là n'eut jamais qu'une seule, qu'une grande passion, la monomanie de la conspiration. Tromper était pour lui le but idéal de la politique. Amis ou ennemis, il cherchait à tromper tout le monde. On ne pouvait compter ni sur ses promesses, ni sur le sentiment de son propre intérêt. Complotait-il dans l'ombre l'assassinat ou le rançonnement d'une puissance alliée ? il la comblait de protestations d'amitié, pendant qu'il demandait tout bas sa part des dépouilles. Puis il faisait le guet pour empêcher que personne ne vint au secours de la victime. Le coup fait, les rusés larrons gardaient leur butin ; il avait beau protester, réclamer : on n'avait plus besoin de lui.

Aucune puissance honnête, aucun de nos anciens alliés ne pouvait prêter la main à cette politique de surprise et d'imprévu, à ces intrigues de ténèbres, à ce brigandage impérial : il conspira contre eux, chacun eut son tour.

Aussi, quand sonna l'heure du châtiment, l'Europe jouée, humiliée, fatiguée de tant de guerres et de complots, le mit hors la loi, et le laissa seul à seul avec son bourreau, M. de Bismarck, son meilleur ami.

Telle n'était pas la vieille politique des Bourbons. La France était leur œuvre ; ils y avaient consacré dix siècles de dévouement et l'avaient placée à la tête de l'Europe. Elle jugeait les différends des peuples, elle était la grande justicière, le recours des faibles et des opprimés. Cette suprématie était reconnue par ses ennemis même, et le roi Frédéric disait : « Si j'étais le roi de « France, je voudrais qu'il ne fut pas tiré un « coup de canon en Europe sans ma permission. »

La loyauté des Bourbons faisait partout rechercher leur alliance.

La Russie et l'Autriche ayant une communauté d'intérêts avec la France dans l'équilibre européen, l'aidaient à tenir en échec les puissances protestantes du Nord, l'Angleterre et la Prusse.

Il n'y avait là aucune place pour les équivoques ou les convoitises d'aventuriers politiques ; on se parlait hautement et franchement ; on savait pouvoir compter les uns sur les autres.

Mais les révolutions troublent toute administration et toute politique ; elles emploient sans cesse des gens nouveaux, qui n'ont pas le temps de s'initier aux affaires, qui ne connaissent ni les ressources, ni les intérêts du pays, ni les questions diplomatiques, ni les traditions ; leurs titres ordinaires sont l'ambition, l'incapacité, la malhonnêteté.

L'Empire nous en a donné un triste exemple. Se faisant le plat valet de nos plus mortels ennemis, il a sacrifié les traditions, les intérêts, l'or et le sang de la France, pour satisfaire l'avidité des conspirateurs de la Prusse et de l'Italie, pour ruiner des puissances honnêtes et conservatrices, pour faire fouler aux pieds, piller et démembrer par ses éternels ennemis, flatteurs de la veille, ce pays formé par dix siècles de génie et de gloire.

V

LA GUERRE DE CRIMÉE.

L'Angleterre et la Russie se disputent depuis longtemps la prépondérance en Orient. En 1853, la querelle s'étant envenimée, l'Angleterre sollicita le secours de la France pour raffermir son influence en Turquie et sa domination dans les Indes.

La France n'avait là aucun intérêt immédiat. Toutefois, les traditions de son passé en Orient, ses bonnes relations avec la Russie, son vieil antagonisme contre l'Angleterre, ainsi que les rancunes personnelles des Bonaparte, semblaient devoir lui faire prendre parti pour la Russie.

On crut un instant qu'il en serait ainsi. Mais la Russie n'avait consenti que de mauvaise grâce à reconnaître le nouvel Empereur, tandis que l'Angleterre, pour flatter son amour propre, s'em pressa de le reconnaître, et lui envoya en visite la reine Victoria.

La guerre fut déclarée. Le 25 mai 1854, les troupes françaises et anglaises débarquent au Pirée. Campées à Varna, elles sont décimées par le choléra. Après une expédition dans le Dobrutscha, où l'on ne rencontre d'autre ennemi que le choléra et les fièvres, on vient mettre le siége devant Sébastopol.

Cependant la flotte franco-anglaise s'empare de Bomarsund dans la Baltique (15 août).

Victoire de l'Alma, le 20 septembre ; victoire d'Inkermann, le 5 novembre. Le siége traîne en longueur ; le général Pélissier remplace le général Canrobert ; le 18 juin, assaut inutile du fort Malakoff, principale défense de Sébastopol.

Enfin, le 8 septembre 1855, assaut général et prise de Malakoff.

L'Empereur, satisfait de ce succès, se hâta de rappeler les troupes. Toutefois la Russie hésita longtemps à conclure la paix ; elle ne fut signée que le 26 août suivant.

Dans cette guerre, sans compter les malades et blessés rapatriés, nous perdîmes 95,000 hommes tués ou morts de maladie.

Les dépenses, sans compter les pensions, indemnités, etc., s'élevèrent à un milliard 660 millions.

Cette campagne, au profit de l'Angleterre, profita plus encore à la Russie, contre qui elle était faite. La Russie, réveillée par cette secousse, donna soudain un plus grand développement à son industrie, abolit le servage, créa des chemins de fer et s'ouvrit toute grande à la civilisation.

L'Angleterre nous garda rancune des conditions de la paix, qu'elle eût voulu moins généreuses. La France, pour une amitié peu sûre et déjà mécontente, perdit ainsi un vieil allié.

La question d'Orient était restée au même point.

VI

LA GUERRE D'ITALIE.

Les Italiens, divisés en petits états, souvent envahis par des voisins plus énergiques, ont de tout temps rêvé leur unification et leur indépendance.

Mais, incapables de secouer le joug de l'étranger comme de s'entendre entre eux, ils attendirent des siècles la réalisation de ce rêve.

La France, fille aînée de l'Eglise, avait conservé au milieu d'eux l'édifice du pouvoir temporel de la Papauté. Placée à la tête de l'Europe, elle avait avec gloire défendu ses prérogatives et étendu, avec la civilisation chrétienne, son influence sur le monde entier.

Les Bourbons de Naples et de Madrid, unis à ceux de France et à la catholique Autriche, tenaient tête à l'Angleterre et à l'Allemagne protestantes.

Napoléon III détruisit, sans s'en douter, en s'attaquant à l'Autriche, tout ce vieux système d'alliance contre l'ennemi commun.

M. de Cavour, ministre du roi de Sardaigne, trouva en Napoléon III l'homme qu'il lui fallait pour réaliser enfin, au profit de la maison de Savoie, ce rêve d'unification et d'indépendance de l'Italie.

Il maria d'abord une fille du roi de Sardaigne au prince Jérôme-Napoléon, cousin de l'Empereur, et révolutionnaire émérite. Celui-ci, sur les instructions du ministre italien, prépara les esprits à la guerre en faisant parler la presse républicaine, toujours prête à se coaliser avec les ennemis de la France.

Napoléon III hésitait. C'est alors que les carbonari lui rappelèrent un serment qu'il avait fait dans sa jeunesse de délivrer l'Italie sous peine de mort. L'attentat d'Orsini acheva de le décider.

La guerre fut déclarée, sans motif connu, et, Napoléon III l'avoua, « contre le gré de l'Europe. »

Il se réserva pour lui-même le commandement en chef, et compromit plus d'une fois par son incapacité le succès de nos armes.

Les opérations marchèrent rapidement. Le premier combat eût lieu à Montebello, le 20 mai 1859; le 30 mai, victoire de Palestro; le 3 juin, affaire de Turbigo; le 4, bataille de Magenta. L'armée, conduite par l'Empereur et le hasard, rencontra l'ennemi au moment où elle s'y attendait le moins. Cependant, avec une précipitation inexplicable, l'Empereur donna le signal de l'attaque. La lutte fut longtemps indécise, grâce à l'éparpillement de nos troupes. Les Autrichiens crurent à une victoire, et sans l'arrivée de Mac-Mahon vers la fin de la journée, notre échec était inévitable.

Le 8 juin, combat de Melegnano.

Enfin le 24 juin, dans l'immense plaine de Montechiaro, dominée par le village de Solferino, les deux armées se rencontrèrent de nouveau. L'empereur ne fut pas moins étonné qu'à Magenta de retrouver devant lui les Autrichiens, qu'il croyait fort loin de là. On en vint aux mains dès l'aube; on se battit toute la journée, jusqu'à ce qu'un orage épouvantable, crevant sur les deux armées, les sépara. Les Autrichiens se replièrent en bon ordre, sous le feu de nos canons qui les décimait, et nous abandonnèrent leurs positions.

Si Magenta avait failli être une défaite, la victoire de Solferino resta fort indécise, quoique payée fort cher. Les Français et les Piémontais reconnurent avoir perdu 17,000 hommes; les Autrichiens 23,000.

Au premier moment, Napoléon III ne s'enfla pas outre mesure de ses succès. Voyant les Autrichiens faire bonne contenance et se retrancher dans des positions presque inexpugnables, craignant d'un autre côté l'intervention menaçante de l'Allemagne, il proposa lui-même un armistice, et le 8 juillet les préliminaires de la paix furent signés à Villafranca.

En deux mois cette guerre nous avait coûté vingt mille hommes environ et 300 millions.

Napoléon III était trop préoccupé des expédients du moment pour prévoir les déplorables conséquences de cette campagne. Après avoir perdu l'amitié de la Russie, nous perdions celle de l'Autriche, dont les intérêts en Allemagne et en Italie étaient les mêmes que les nôtres. Du même coup nous préparions l'agrandissement du Piémont et de la Prusse : sotte complaisance, source d'amers et tardifs regrets.

Cependant, les Italiens témoignèrent un vif mécontentement de cette paix précipitée. Celui qui venait de sacrifier follement pour leurs fantaisies tous les intérêts de la France, dut se sauver au milieu des huées et des malédictions.

A la faveur de la guerre, le Piémont avait organisé de petites insurrections dans le grand duché de Toscane, dans les duchés de Parme et de Modène, et dans les légations Pontificales. Les émeutiers avaient offert la dictature au roi Victor-Emmanuel, et celui-ci s'était empressé d'occuper militairement toute l'Italie centrale. Le traité de Villafranca stipula que ces pays si facilement annexés recouvreraient leur indépendance. Il n'en fut rien. Pendant les conférences de Zurich, le Piémont eut même l'audace d'exposer son plan : il promettait de ne plus empiéter sur ses voisins, mais si des émeutes les lui offraient, il se verrait forcé de s'annexer les Etats Pontificaux et le royaume de Naples.

C'est alors que le général Garibaldi, peu connu jusque là sur les champs de bataille, commença à montrer ce dont il était capable. Ce grotesque fantoche, la nullité la plus complète, ornée d'un grand sabre, d'une chemise rouge et d'un feutre mou, est le grand héros de la révolution italienne. Dans l'éclat de sa légende disparaissent presque ces deux autres variétés du brigand italien, le prudent, insinuant et rusé Cavour, le sombre, féroce et insaisissable Mazzini.

Avec une troupe de bandits, renforcée de soldats piémontais, Garibaldi fait la conquête de la Sicile, presque sans coup férir. L'arme employée est la corruption : les millions de l'Angleterre paient les frais. Puis, suivi de vingt hommes, il s'empare de Naples, le sabre au fourreau, en triomphateur : flotte, armée, administration, tout a trahi. Le roi de Naples s'enferme dans Gaëte, lutte héroïquement pendant quatre mois contre le bombardement, la disette et le typhus ; mais la ville ne peut plus tenir, il lui faut chercher un asile à Rome.

En même temps, d'autres patriotes italiens, recrutés de la même façon, envahissaient les Etats Pontifaux, et derrière eux, sans déclaration de guerre, s'avançaient les troupes piémontaises, commandées par les généraux Cialdini et Fanti. Dans la prévision de cette nouvelle trahison, il s'était formé une petite armée pontificale, composée en grande partie de volontaires français. Réunie à la hâte, elle court au devant de l'envahisseur. Les zouaves pontificaux sont un contre six à Castelfidardo, mais ils savent mourir en Français, c'est-à-dire, en braves et en chrétiens, pour l'honneur et la justice. Quatre cents d'entre eux, échappés au massacre, avec le général de La Moricière, se jettent dans Ancône et cherchent à prolonger la lutte, comptant sur l'intervention promise de la France. Après dix jours de bombardement, il fallut se rendre.

Napoléon III avait d'abord déclaré qu'il protesterait par la force, mais, le fait accompli, il ne se crut plus que *forcé de protester*.

L'annexion commencée par l'émeute, poursuivie par les brigands, achevée par le Piémont, était consommée.

Et cependant il y avait à Rome un corps d'armée français dont l'unique mission était de protéger le pouvoir temporel du Pape. Cette place d'honneur nous avait été enviée par l'Autriche et par l'Espagne; mais la chrétienté s'était fiée à la parole et à l'épée de la France.

Des soldats français, assistant l'arme au pied au dépouillement de celui qu'ils sont chargés de défendre et empêchant de venir à son secours, c'est une lâcheté, une trahison, une honte comme il n'y en a pas dans nos annales.

Quelle n'a pas du être la douleur de nos pauvres soldats, si dévoués à toutes les nobles causes, en voyant tomber à Castelfidardo ces zouaves pontificaux qui, protestant contre une politique d'erreur et de trahison, rachetaient, au prix du plus pur sang de la vieille France, ce qui restait encore l'honneur de la patrie !

Mais Napoléon III hésita, négocia, protesta, et enfin transigea. Il reconnut d'abord le royaume d'Italie; puis, par une convention du 15 septembre 1864, il promit de « retirer ses troupes des Etats « Pontificaux, graduellement et à mesure que

« l'armée du Saint-Père serait organisée, » sans toutefois que ce délai put dépasser deux ans. Le roi d'Italie s'engageait de son côté à ne pas attaquer le territoire actuel du Saint-Père.

Les troupes sont en effet rappelées en 1866. De ce jour le chemin de Rome est ouvert : les émeutes, les brigandages recommencent; du moment qu'il n'y a plus rien à craindre, Garibaldi a retrouvé son grand sabre. Sous la pression de l'opinion publique, Napoléon III se décide à renvoyer quelques troupes à Rome. Cette démonstration suffit. L'armée piémontaise, toujours derrière Garibaldi, s'arrête. Les zouaves pontificaux, commandés par le lieutenant-colonel de Charette, ont à peine le temps de remporter leur glorieuse victoire de Mentana, tandis que les volontaires de Garibaldi ne le retrouvant plus au soir de la bataille s'écrient : *Si salva sempre!* Il se sauve toujours !

Deux ans plus tard, ces zouaves héroïques et notre petit corps d'armée rentraient en France : on sait dans quelles circonstances. La Prusse et l'Italie triomphaient, le Pape était condamné à l'exil ou à la captivité, et la France, déchue de sa grandeur, perdait, avec son prestige sur les races latines, son titre de protectrice de la chrétienté.

VII

LA GUERRE DU MEXIQUE.

Le Mexique, depuis la proclamation de son indépendance, vivait dans une anarchie toujours croissante. Bientôt les droits et les intérêts du commerce européen eurent à souffrir de ces désordres intérieurs. Enfin, le congrès suspendit pour deux ans l'exécution des engagements pris avec les étrangers, et le président Juarez expulsa l'ambassadeur d'Espagne et le nonce du Pape; les vice-consuls français étaient en même temps l'objet d'agressions violentes.

L'Espagne et l'Angleterre offrirent leur concours pour obtenir une réparation. Les Etats-Unis, divisés alors par la guerre civile, pouvaient aussi fournir un contingent d'utiles alliés.

Toutefois, l'Empereur ne fit rien pour gagner à sa cause les États du Sud, et l'expédition à peine commencée, l'Espagne et l'Angleterre se désintéressant tout à coup, nous laissèrent seuls dans cette entreprise lointaine.

Juarez avait promis toute satisfaction; le prétexte de la guerre n'existait plus. Mais l'Empereur avait rêvé de fonder une monarchie au

Mexique, pour rendre aux races latines leur influence en Amérique et arrêter les envahissements des États-Unis.

Tel était du moins le but avoué. On n'avoua pas que la question de paix ou de guerre et les destinées de la France se trouvaient liées à des tripotages d'argent où de hauts personnages de l'Empire avaient de gros intérêts. Enfin, le cortége d'étrangers de tous pays qui entouraient l'Impératrice, lui avait persuadé de chercher dans la guerre une satisfaction de vanité, et la funeste influence de cette ancienne reine de la mode sur les conseils du gouvernement grandissait à mesure que l'Empereur vieilli déclinait.

Le corps expéditionnaire débarqua, le 5 mars 1862, à la Vera-Cruz. Un premier assaut de Puebla fut repoussé ; il fallut attendre des renforts. Puebla ne tomba en notre pouvoir que le 19 mai de l'année suivante, après un siége meurtrier. Le 5 juin, l'armée victorieuse entrait à Mexico.

Ce fut la fin de nos succès. Plus de siége ni de bataille, une guerre de buissons. Nos soldats furent décimés par des épidémies terribles. Les ressources du trésor s'épuisèrent. On créa les Bons Mexicains, et les particuliers y perdirent quatre cents millions.

Puis les États du Sud ayant été vaincus, les États-Unis signifièrent qu'ils ne toléreraient pas davantage l'intervention française au Mexique. Des hommes de l'Empire, chacun crut alors pouvoir tirer son profit du désastre qui se préparait : le maréchal Bazaine, commandant en chef de l'expédition, épousa une riche parente de celui-là même qu'il devait combattre.

Ordre fut donné de rapatrier les troupes sans délai. L'Empereur Maximilien, que nous avions conduit au Mexique, trahi, abandonné, fut pris par les sicaires de Juarez. L'Impératrice sa femme devint folle ; lui fut fusillé.

Nous avions perdu 50,000 hommes, et environ cinq cents millions.

VIII

LA FRANCE S'ENRICHIT.

En parlant des finances de l'Empire, je ne veux donner que des chiffres pris dans les documents officiels publiés par le gouvernement, pour sa propre condamnation.

A l'époque où nous sommes arrivés (1866) l'Empire a déjà dévoré 31 milliards. C'est le plus ruineux des essais révolutionnaires que nous ayons tentés en ce siècle.

Il a commencé, de 1852 à 1857, par nous

demander une augmentation moyenne annuelle de 333 millions sur la moyenne des budgets précédents ; de 1857 à 1861, il nous a demandé en plus 570 millions ; de 1862 à 1866, nouvelle augmentation de 893 millions.

L'État percevait par lui-même chaque année environ 2 milliards 200 millions. Les budgets municipaux et départementaux exigeaient du même contribuable, par les octrois, les centimes supplémentaires, etc., un autre milliard : soit plus de 3 milliards par an.

Cette somme énorme, répartie entre les dix millions de familles que l'on compte en France, représente pour chaque famille une contribution de 300 francs par an. Si l'on admet que le revenu moyen soit de mille francs par famille, — ce qui est un chiffre élevé pour l'ouvrier des villes comme pour le cultivateur, — c'était le quart de son revenu net qui était ainsi pris annuellement à chacune.

La dette publique nous coûtait avant l'Empire 340 millions par an ; l'Empire l'a déjà portée à 650 millions, près du double. La dette, l'armée et la marine, exigeaient en moyenne 1 milliard 200 millions. Sur ces trois chapitres, en quinze ans, l'Empire a déjà dépensé 7 milliards de plus que le règne précédent pendant le même laps de temps.

Même augmentation pour l'administration, qui accroissait sans cesse son personnel, ses frais et surtout ses gros traitements. Les ministres, payés quarante·mille francs quinze ans auparavant, touchaient cent mille francs, sans compter le cumul. Il ne manquait pas de gros dignitaires qui absorbaient deux cent et trois cent mille francs. La famille Bonaparte avait une dotation d'un million cinq cent mille francs, et les revenus de la liste civile dépassaient trente-deux millions.

Tous ces milliards étaient extorqués par ce qu'on appelait les recettes ordinaires et les recettes extraordinaires.

En pleine paix, et sans aucune de ces grandes calamités qui expliquent des besoins momentanés d'argent, on comptait comme recettes ordinaires le détournement à perpétuité de l'allocation destinée à l'amortissement de la dette publique, le décime de guerre, le second demi-décime de guerre, le double décime de guerre, les droits toujours accrus de patente, de timbre et d'enregistrement, les impôts écrasants sur la fabrication, la circulation, la consommation des boissons, etc.

Les recettes extraordinaires se représentaient régulièrement chaque année, et n'avaient d'extraordinaire que d'être plus ruineuses que les autres. Elles se composaient d'emprunts (2 milliards), de la réserve de l'amortissement (1 milliard 700 millions), de l'aliénation des bois de l'Etat, et de produits divers, purement fictifs, quand ils n'étaient pas un procédé déguisé d'endettement.

On empruntait, à un taux plus élevé qu'aucun gouvernement précédent : en mars et décembre 1854, 250 et 500 millions ; en juillet 1855, 750 millions ; en mai 1859, 500 millions ; en janvier 1864, 300 millions. On empruntait en moyenne, soit directement, soit indirectement, plus de 200 millions par an. Toujours emprunter, ne jamais rembourser, telle était la grande théorie financière de l'Empire. La loi qui obligeait à l'amortissement de la dette fut annulée par une loi de 1866.

N'est-il pas étonnant que de tels désordres, qu'un tel gaspillage de milliards, qu'un tel abus de ventes, d'emprunts et d'hypothèques, n'aient pas amené plus tôt la ruine du pays ?

Certes, Napoléon III qui, rompu dès sa jeunesse à tous les vils expédients, à toutes les roueries, à toutes les escroqueries du malhonnête homme besoigneux, avait osé façonner le gouvernement de la France à sa triste image, méritait la honte d'une banqueroute.

Ce qui l'a sauvé, ce fut un accroissement inouï de la fortune publique, malgré la mauvaise administration de nos finances. Cette prospérité générale tint aux progrès du commerce, de l'industrie et de l'agriculture, progrès dus à l'utilisation de la vapeur pour remplacer partout le travail manuel, à l'application des découvertes scientifiques, à l'exploitation des chemins de fer, à la création de débouchés nouveaux et de ressources nouvelles par un développement soudain de l'importation et de l'exportation. L'Empire eut la bonne fortune d'arriver pendant cette période, sans qu'il puisse se vanter de l'avoir préparée ni favorisée. Car la même activité des affaires se fit sentir au même moment dans l'Europe entière, et les nations voisines, moins gênées par leurs gouvernements, en profitèrent mieux que nous.

Quel parti Napoléon III a-t-il su tirer de cette situation exceptionnelle, qui lui permettait en même temps de diminuer nos charges, de payer nos dettes et de nous armer de façon à tenir dans le monde le rang auquel nous sommes habitués ?

Il n'a vu dans notre accroissement de fortune qu'une occasion de doubler les impôts, et dans notre accroissement de crédit qu'un moyen d'emprunter sans mesure et d'augmenter la dette publique de près de dix milliards. Quant à l'armée et à la marine, la dernière guerre de l'Empire va nous montrer ce qu'il leur est revenu de tous les sacrifices faits pour elles.

Ces erreurs multipliées devaient promptement

porter leurs fruits et étouffer les germes mêmes de notre prospérité. Sur la fin de l'Empire, les illusions n'étaient plus possibles : les plaintes s'élevaient de toutes parts. Le troisième réseau de nos voies ferrées, toujours promis, ne s'exécutait pas. Et cependant, si dur que cela soit pour un pays où l'on se croit à la tête de la civilisation, de toutes les contrées de l'Europe occidentale la France est presque au dernier rang sous le rapport de l'étendue des chemins de fer. L'agriculture souffrait par manque de bras, manque de communications locales, manque de capitaux ; elle était écrasée d'impôts, et l'argent s'éloignait d'elle pour aller se perdre à l'étranger dans des entreprises aventureuses. Les octrois et l'inachèvement des canaux interdisaient aux bois l'accès des débouchés les plus favorables. Les filatures, les usines de métallurgie renvoyaient leurs ouvriers, les demandes diminuant au dedans et à l'étranger. Les douanes constataient la baisse croissante de l'exportation. Le nombre des faillites était en progression continue, et les valeurs cotées à la Bourse subissaient une immense dépréciation.

Si l'Empire eut une influence désastreuse sur les affaires publiques, il ne fut pas plus heureux quand il voulut se mêler directement de celles des particuliers. Le libre échange, peut-être bon en en lui-même, établi sans préparation, ruina bien des industries. L'argent de tous, gros capitaux et petites économies, fut attiré dans des spéculations aventurées, la plupart à l'étranger. Le gouvernement y contribuait pour sa part, et semblait s'être donné la tâche d'enrichir nos ennemis à nos dépens. Partout où il y avait de l'argent à perdre, en Italie, en Espagne, au Mexique, on perdit des milliards avec engouement.

Que d'opérations coûteuses en elles-mêmes, inintelligentes au point de vue commercial et politique ! Je n'en veux qu'un exemple : le percement du Mont-Cenis. Nous en payâmes tous les frais à l'Italie, comme si cette voie nouvelle n'eût dû profiter qu'à nous ; nous payâmes même quelques millions de plus. Le résultat immédiat fut que Marseille perdit le transit de la malle des Indes. Livourne, Gênes, Brindisi, tous les petits ports d'Italie, secouèrent aussitôt leur torpeur séculaire, et cherchèrent à s'approprier les lambeaux de notre influence commerciale en Orient.

Ce coup d'œil sur les finances de l'Empire appelle par le contraste une comparaison avec les finances de la Restauration.

La paix prolongée, l'ordre à l'intérieur, l'honnêteté du gouvernement, la confiance en l'avenir avaient alors réveillé l'activité publique, et toutes les ressources du Trésor s'étaient accrues rapidement. La Restauration paya les dettes du premier Empire : 2 milliards 15 millions ; 11 millions de secours de guerre ; 30 millions pour la disette de 1817 ; 80 millions pour notre dette d'Égypte. Non-seulement elle ne fit pas de nouvelles dettes et paya les dettes des gouvernements précédents, mais elle sut encore diminuer les impôts, ce qu'aucun autre gouvernement ne put réaliser en ce siècle : de 1818 à 1827 ils furent successivement diminués de 91 millions.

Les Bonaparte, aventuriers avides de jouissances et insoucieux du lendemain, ont toujours traité la France en pays conquis ; nos rois ont géré la fortune de la patrie avec plus de soin qu'on n'en apporte pour sa propre fortune, sachant ce que le moindre impôt coûte de privations, et se croyant responsables devant Dieu des deniers du peuple.

IX

LA DÉCADENCE IMPÉRIALE.

Napoléon III avait eu pour complices dans sa jeunesse et pour aides dans les premières années de son pouvoir, des hommes adroits, entreprenants, qui firent l'apparente grandeur du commencement de l'Empire.

Ces hommes étaient morts. L'Empereur, vieilli, usé par des désordres de toutes sortes, de jour en jour plus fataliste, se prit alors à des fantaisies de libéralisme, se livra aux intrigues de la Prusse, et prépara, dans l'aveuglement de ses rêves séniles, la chute de son trône et les désastres qui l'accompagnèrent et le suivirent.

L'immoralité découlait des Tuileries sur toutes les classes de la société. Les journaux, les théâtres ne vivaient que de scandales. Dans la magistrature, dans l'armée, les plus hautes dignités étaient données à des créatures de l'Empire, et la servilité avait remplacé les traditions de l'honneur: Le désordre des finances et les défaites du Mexique avaient peu à peu amoindri l'armée et la marine. L'Afrique même avait habitué nos troupes à un avancement rapide dans des guerres minuscules, au grand détriment de la discipline et des études.

L'administration était toute-puissante. Plus d'initiative ni privée, ni locale ; la maladie de la bureaucratie avait tout pénétré. Ministres, préfets, ambassadeurs, députés, tous étaient journalistes ou avocats. L'incompétence était le meilleur titre pour tout emploi.

Cependant les esprits étaient inquiets. Après les proscriptions étaient venues les amnisties, après les amnisties l'empire libéral ; au fond, l'empire libéral c'était encore le spectre rouge, c'était l'autorisation donnée aux clubs et aux sociétés secrètes d'organiser des démonstrations, des grèves, de petites émeutes. Tous les hommes de la future *Commune* peuvent dès ce moment se dresser leur piédestal. Le procès à la suite de la souscription et de la manifestation Baudin donne à la France le citoyen Gambetta. Le vaudevilliste Rochefort arrive à la députation par son pamphlet périodique *La Lanterne*. Delescluze conduit, avec Rochefort, le tapage autour du cadavre de Victor Noir. Flourens joue aux barricades rue du Faubourg-du-Temple ; Mégy assassine un agent ; Assi mène la grève du Creuzot.

Le succès du dernier plébiscite fut ainsi assuré ; mais le triomphe de la Commune, à bref délai, ne le fut pas moins.

Napoléon III avait depuis longtemps fourni à la démagogie l'occasion et les moyens de fonder l'Internationale. En 1862, le prince Napoléon, président de la Commission impériale de l'Exposition universelle de Londres, avait envoyé une délégation d'ouvriers. L'Empereur et lui avaient souscrit pour une somme considérable.

Ces ouvriers revinrent avec un plan d'association internationale.

Partout en même temps se créèrent alors des sociétés de secours, des syndicats, des mutualités, et les grèves se multiplièrent tout à coup.

Comme ces émeutiers d'un nouveau genre étaient gênés par des lois contre les coalitions, Napoléon modifia ces lois. Comme les patrons pouvaient employer des ouvriers étrangers, les délégués convinrent avec Londres de généraliser les grèves. L'Internationale était faite.

L'Internationale était déjà ce que nous l'avons connue depuis. Son programme était le même : guerre au capital, abolition de la religion, de la propriété, de la famille. Ses moyens d'exécution les mêmes : nitro-glycérine, pétrole, picrate de potasse, etc. Elle eut chaque année son congrès.

Cependant, comme si on avait voulu lui donner une plus grande publicité, on traduisit devant les tribunaux les chefs de la section française, sous le prétexte futile que la société comptait plus de vingt membres.

Le procès dura deux ans, et se termina par des condamnations insignifiantes. Mais pendant tout ce temps les accusés paradèrent devant les tribunaux, prononcèrent des discours, exposèrent leurs doctrines et leurs vœux, et obtinrent gratis, comme l'a dit l'un d'eux, « pour plus de cent « mille francs de publicité. »

Tel était donc l'aveuglement de l'Empire qu'il armait, organisait, recrutait ces hordes sauvages de l'Internationale. Le châtiment de toutes ces erreurs, de toutes ces extravagances approchait.

X

LA CAMPAGNE DE FRANCE.

Napoléon III avait créé la Prusse. Il lui avait permis de parler au traité de Paris. Il lui avait laissé s'annexer le Schlesvig-Holstein aux dépens du Danemark ; il l'avait aidée par sa non intervention à écraser l'Autriche à Sadowa, quoique le Danemark et l'Autriche fussent deux anciens alliés, deux alliés naturels de la France.

Pour justifier leur œuvre commune, réunir sous le même joug tous les petits pays de race allemande et s'annexer l'Alsace et la Loraine, M. de Bismarck n'eut qu'à invoquer une théorie de l'Empereur lui-même : la théorie des nationalités.

La guerre d'Italie avait été faite au nom de ce principe ; principe absurde, car s'il était un instant admis, il n'y aurait plus un peuple en Europe assuré du lendemain. L'Angleterre ne détient-elle pas l'Écosse et l'Irlande ? la Russie, la Pologne ? la France, l'Algérie, etc. ?

M. de Bismarck s'empara de l'idée pour la

prussification de l'Allemagne. Des petits États allemands impuissants et pleins de déférence pour la France, il fit, de par la folle utopie de l'Empereur, un adversaire formidable.

Le chancelier allemand connaissait l'état déplorable de nos finances et de notre armement, l'incapacité des hommes du gouvernement, l'affaiblissement des études et de la discipline dans l'armée ; il se savait en même temps sous la main tout ce qui nous manquait.

Cependant, s'il se tenait prêt à la guerre, il ne fit rien pour la faire éclater. Toute la responsabilité en retombe sur l'Empereur et son entourage : l'Impératrice qui l'appelait *sa guerre* ; M. de Gramont, M. Émile Ollivier, etc.

Dès longtemps le chancelier allemand avait su flatter habilement Napoléon, et par des promesses trompeuses s'assurer de sa connivence pour ses spoliations.

Il lui avait promis la frontière du Rhin et la Belgique, sous la seule condition de laisser la Prusse s'agrandir à sa fantaisie.

La Prusse s'agrandit si bien que, de tout petit royaume, elle était devenue une puissance formidable, composée de plusieurs royaumes, grands duchés, etc. Napoléon III, en bon complice, protesta faiblement, et réclama le prix de ses complaisances. Le chancelier se fit prier, et passa le mot d'ordre à la presse allemande, qui se récria vivement contre toute cession de territoire.

L'Empereur renonça à Mayence. « C'est vers « cette époque, dit M. de Bismarck dans un do- « cument public, que l'ambassadeur français « met en doute pour la première fois que l'on « puisse compter sur la sincérité de la Prusse en « cette affaire. »

Retranchant sans cesse de ses exigences, l'Empereur n'osa plus parler ni du Rhin, ni de la Belgique, et ne demanda plus que le Luxembourg.

Mais ce fut en vain que le gouvernement français s'humilia devant la Prusse : le chancelier, au moment où l'affaire du Luxembourg semblait arrangée, fit refuser la ratification du traité par le Reichstag, et Napoléon en fut pour la honte de s'être ainsi laissé duper.

L'intervention de l'Angleterre empêcha la guerre pour le moment ; mais on la sentait inévitable, et une nouvelle occasion de querelle ne pouvait tarder à se présenter.

L'Espagne offrit son trône à un prince de Hohenzollern. La candidature du prince n'avait rien qui put froisser particulièrement l'Empereur. Ce prince était lié à la famille Bonaparte par d'anciennes relations ; il avait toujours été très-bien accueilli aux Tuileries ; son frère avait été placé, par l'influence de Napoléon III, sur le trône de Roumanie.

Les prétentions de la Prusse sur l'Espagne, après tant d'autres empiétements, furent vues avec méfiance. La France, et l'Europe avec elle, désapprouva hautement le projet. M. de Bismarck, voulant laisser à ses adversaires tous les torts apparents, céda. Le prince de Hohenzollern donna sa renonciation ; cette renonciation fut acceptée par l'Espagne. La Prusse se désintéressait entièrement de l'affaire ; toute difficulté semblait aplanie.

L'Empereur lui-même se déclara satisfait.

C'est alors que l'influence de l'Impératrice dans les conseils de l'Empereur se fit encore une fois malheureusement sentir. Déjà elle avait voulu la déplorable expédition du Mexique ; c'est elle qui décida de la guerre contre la Prusse. Aidée de M. de Gramont, en quelques heures elle changea les intentions pacifiques de l'Empereur, et au moment où toute complication semblait expliquée, la guerre fut déclarée.

On trompa la Chambre et le pays avec des dépêches antidatées ou inventées, et avec un conte d'insulte à notre ambassadeur. L'ambassadeur a protesté depuis : « Il n'y a eu à Ems ni insulteur, « ni insulté. »

Donc pas de prétexte, si ce n'est une animosité

privée de l'Empereur contre le chancelier prussien qui l'avait si longtemps et si complétement joué, un caprice de l'Impératrice, la rancune de M. de Gramont contre M. de Bismarck qui l'avait appelé l'homme « le plus bête de l'Europe, » et l'ineptie de M. Emile Ollivier.

Engager une guerre dans ces conditions, c'était s'assurer de n'avoir aucun allié en Europe. M. de Bismarck dévoila les intrigues de son ancien complice, et tous les torts furent pour nous.

Les puissances européennes virent même avec une certaine satisfaction que Napoléon III et le roi Guillaume, qui depuis tant d'années les tenaient sous la menace de guerres incessantes, allaient enfin s'entr'égorger, et que l'un d'eux disparaîtrait probablement de la scène.

La guerre déclarée, on pensa à la préparer. L'Empereur et sa cour se préoccupèrent surtout de leurs bagages.

Il fallut à la hâte mobiliser les troupes, trouver des vivres, organiser les ambulances, les transports, etc. Rien n'était prêt.

M. Rouher disait cependant : « Votre Majesté « tire l'épée; la patrie est avec vous, frémissante « d'indignation et de fierté.... Depuis plus de « quatre années, l'empereur a porté à sa plus « haute perfection l'armement de nos soldats, « élevé à sa toute puissance l'organisation de nos

« forces militàires. *Grâce à vos soins, Sire, la*
« *France est prête.* » (Discours du 16 juillet à St-
Cloud.)

Le *Journal officiel* énumérait ainsi les forces
militaires que la France devait à l'empire (18 août
1869) :

« Une armée de ligne de 750,000 hommes
« disponible pour la guerre ;

« Près de 600,000 hommes de garde mobile ;

» 1,200,000 fusils fabriqués en moins de dix-
huit mois ;

« Les places mises en état et armées ;

« Les arsenaux remplis ;

« Un matériel immense prêt à suffire à toutes
« les éventualités quelles qu'elles soient ;

« Et en face d'une telle situation, la France
« confiante dans sa force.... »

Et le maréchal Lebœuf, ministre de la guerre,
toujours au nom de l'empereur responsable, af-
firmait lui aussi que nous étions prêts, *et que la*
guerre dut-elle durer deux ans, il ne manquerait
pas un bouton de guêtre. Hélas ! tout cela n'était
que mensonges.

Les dépôts, les arsenaux avaient été épuisés
par la guerre du Mexique ; les places fortes, même
les plus importantes, comme Metz et Strasbourg,
se trouvaient dégarnies. Le gouvernement avait
en vain demandé de l'argent pour réparer et per-

fectionner l'armement, rétablir les approvision-
nements, augmenter l'effectif. L'opposition républicaine, MM. Jules Simon, Jules Favre, Pelletan,
Picard, Garnier-Pagès et autres, avaient saisi
cette occasion de se montrer plus imprévoyants,
plus ignorants, plus présomptueux, plus anti-
français que le gouvernement lui-même.

L'un réclamait « la suppression absolue des
« armées permanentes et leur remplacement par
« les gardes nationales. »

Un autre osait dire sans rire : « Il n'y a qu'une
« cause qui rende une armée invincible, c'est la
« liberté. »

Un troisième s'écria : « Mais une invasion est-
« elle possible? On s'indignerait si je formulais
« une prévision semblable, et on aurait raison... »

Enfin M. Thiers, le malin qui se croit si bien
au courant de toute chose, traita l'armée prussienne de *fable* et de *fantasmagorie*, et conclut:
« Notre armée suffira pour arrêter l'ennemi. »

L'empereur partit plein de sombres pressenti-
ments. De tous côtés arrivaient sans cesse des
réclamations pressantes de tous les services, de
tous les chefs de corps. Chaque jour on décou-
vrait un nouveau désordre, une nouvelle impos-
sibilité de marcher, et tandis que les Prussiens
arrivaient en masses formidables à la frontière,
aucun corps de l'armée n'était encore complet et

muni du matériel de campagne le plus indispensable ; aucune place n'était en état de défense.

Quelques télégrammes en diront plus qu'aucune énumération.

« *Intendant 3ᵉ corps à Guerre*, Paris. — 24 juillet
« 1870.

« Le 3ᵉ corps quitte Metz demain. Je n'ai ni infir-
« miers, ni ouvriers d'administration, ni caissons d'am-
« bulance, ni fours de campagne, ni train, ni instru-
« ments de pesage, et à la 4ᵉ division de cavalerie, je
« n'ai pas même un fonctionnaire. Je prie V. E. de me
« tirer d'embarras. »

« *Intendant 6ᵉ corps à Guerre*, Paris. — 8 août 1870. »

« Je reçois de l'intendant en chef de l'armée du Rhin
« la demande de 400,000 rations de biscuit et vivres
« de campagne. Je n'en ai pas une ration... »

« *Général Michel à Guerre*, Paris. — Belfort, 21 juil-
« let.

« Suis arrivé à Belfort ; pas trouvé ma brigade ; pas
« trouvé général de division. Que dois-je faire ? Sais pas
« où sont mes régiments. »

Ces dépêches, prises au hasard parmi tant d'autres peuvent se passer de commentaire.

Même désordre et plus grand encore dans la marine.

« *Vice-amiral commandant en chef à Marine*. —
Brest, 27 juillet 1870.

« La majorité de Brest est dépourvue des cartes Mer
« du Nord et Baltique. Il en faudrait onze séries... »

Notre flotte, pour laquelle on avait tant dépensé,

notre flotte dont nous étions si fiers, était dans l'impossibité d'agir. Une diversion dans la mer du Nord et la Baltique, des représailles sur les villes du littoral, auraient pu équilibrer nos chances en retenant chez elle une partie de l'armée prussienne. On y comptait en France, et la Prusse redoutait ces forces navales si vantées, auxquelles elle ne pouvait rien opposer. Pendant que nos soldats étaient conduits au massacre, que nos villes étaient pillées et incendiées, la flotte resta dans l'inaction, et les vapeurs prussiens purent venir jusque dans la Gironde couler impunément nos vaissaux.

Les défaites ne se firent pas attendre, malgré l'héroïsme de nos soldats. Les corps d'armée disséminés sur une ligne immense de la Moselle à la Forêt Noire, et par cela même partout inférieurs en nombre à l'ennemi, battus les uns après les autres, reculaient, s'attendaient ou se cherchaient au hasard, sans plan d'ensemble, et refoulés par les masses prussiennes toujours plus compactes, étaient amenés sans s'en douter aux points stratégiques dès longtemps choisis et étudiés par l'état-major allemand pour leur extermination.

Dans ce désarroi soudain de toutes nos forces militaires, il ne restait plus qu'une chose à tenter: armer la nation, armer les cent mille Alsaciens qui demandaient des armes, leur confier les défilés des Vosges, et faire rétrograder pour les reformer et les renforcer les armées de Bazaine et de Mac-Mahon.

Mais le gouvernement craignit pour la dynastie en armant la nation dans ce moment d'effervescence.

· La déchéance aurait sans doute été demandée dans les grandes villes. La France fut sacrifiée aux intérêts privés des Bonaparte.

Les ordres de l'Empereur, qui prétendait diriger la guerre, et ceux de l'Impératrice régente étaient contradictoires ; l'Empereur lui-même voulait et ne voulait plus.

Metz n'était prenable que par la famine ; Bazaine, qui, après s'être débarrassé de la présence de l'Empereur, voulut jouer un rôle plus politique que militaire, logea sous ses murs son armée de 170,000 hommes, et l'affama.

Mac-Mahon dut marcher en avant, malgré sa conviction, malgré l'avis de tous, malgré le bon sens, sur l'ordre de l'Impératrice, de M. Emile Ollivier et de M. de Palikao, pour rétablir à tout prix le prestige de l'Empire et sauver la dynastie.

L'armée de Mac-Mahon, à peine organisée, lancée dans une entreprise irréalisable, était envoyée à la déroute et à la mort. Elle prit lentement le chemin de Sedan ; elle était prisonnière avant le combat.

Faut-il raconter ces journées terribles, où nos soldats épuisés par les marches et les contre-marches, par des escarmouches et des combats de tous les jours, sans vivres, sans munitions, avaient couru si vaillamment à la mort ? Les batailles s'étaient suivies avec une rapidité effrayante. Le 6 août, Reichshoffen, 17,000 morts ; le 14, Borny, 4,000 morts ; le 16, Gravelotte, 17,000 morts ; le 18, Saint-Privat, 12,000 morts ; et enfin le 1er septembre, Sedan, 14,000 morts.

Le dernier jour de Napoléon III sur la terre de France aurait pu être une « journée d'héroïsme et d'abnégation. » S'il avait su se faire tuer à la tête de l'armée, lui qui avait été la première cause de la guerre, lui qui était responsable de toutes les fautes commises, qui avait fait faire à nos soldats en les amenant à Sedan « la marche la plus im-« prudente et la moins stratégique pour des « considérations politiques, » comme il l'avoua depuis, s'il avait su se faire tuer, la France, tou-jours prête à admirer l'audace et jusqu'au sem-blant de l'honneur, aurait pu beaucoup lui par-donner. Mais quand le vieux conspirateur, le vieux despote vit tout crouler autour de lui comme en un rêve, il ne trouva dans son cœur usé aucune haute aspiration pour lui dicter son devoir. Ni sa propre dignité, ni l'honneur de la France, ni le désespoir et la rage des officiers et des soldats, de Mac-Mahon, qui cherche à se faire tuer, de Ducrot, de Wimpfen, et de tant d'autres qui tentent la trouée, rien n'émeut ce mannequin, si longtemps le jouet de l'Italie et de la Prusse, dont le ressort s'est brisé. Tout est perdu, l'Empire, l'armée, la France, et l'honneur plus encore que le reste : il ne regrette rien, ne se cramponne à rien et se laisse pousser au fossé par la fatalité. Pendant qu'on se bat et surtout qu'on meurt sous une tempête d'obus, il déjeune, monte en calèche, et la cigarette aux lèvres, va remettre son épée vierge à son bon frère le roi de Prusse.

Sedan restera pour les Bonaparte une marque éternelle d'égoïsme et de lâcheté.

Cette capitulation livrait à la Prusse 83,000 prisonniers, 350 pièces d'artillerie de campagne, 185 pièces de siége, 70 mitrailleuses, 12,000 chevaux, et un immense matériel.

Une armée de 83,000 hommes capitulant, c'est une honte qui avait été jusqu'alors épargnée à la France dans ses guerres les plus malheureuses. Nulle part dans l'histoire des peuples on ne pourrait trouver semblable trahison. Les grands désastres de Napoléon Ier, la retraite de Russie, le passage de la Bérésina, Leipzig, Waterloo, sont des jours de gloire comparés à Sedan. Et je ne

parle pas des temps chevaleresques, de ces défaites dont la France était fière, de Pavie où le
roi François Ier prisonnier pouvait dire : « Tout est
perdu, fors l'honneur ! » ni de cette sanglante bataille de Poitiers où le roi Jean combattit tout le
jour au premier rang, avec son fils de treize ans,
et ne consentit à lâcher sa lourde hache d'armes
que quand tout fut pris ou tué autour de lui. Le
prince impérial était un peu plus âgé que cet
enfant de France ; il suivit la campagne dans les
bagages de l'Empereur ; mais l'histoire ne rap-
portera que deux faits le concernant : à Sarre-
brück, il ramassa des balles, l'affaire terminée,
et il reçut de sa mère des trèfles à quatre feuilles.

La capitulation de Metz fut une conséquence de
celle de Sedan. L'armée de Metz, ayant à sa tête
quatre maréchaux de France, et forte de 170,000
hommes, mit bas les armes, après avoir perdu 25
généraux, 2,000 officiers et 40,000 hommes.

De défaites en capitulations, la guerre dura
encore cinq mois. Elle nous coûta 139,000 morts
et 482,000 hommes mis hors de combat par les
blessures, les maladies et les congélations.

Plus huit milliards, l'Alsace et la Lorraine !

A la nouvelle de Sedan, un cri d'indignation
s'était échappé de la France entière. La Chambre
des députés, envahie par l'émeute, n'eut pas le
temps de voter la déchéance ; mais l'Assemblée

nationale prononça cette condamnation des B(
naparte, le 1ᵉʳ mars 1871, à l'unanimité moins si
voix :

« L'Assemblée nationale... confirme la dé
« chéance de Napoléon III et de sa dynastie, dé
« prononcée par le suffrage universel, et le décla
« responsable de la ruine, de l'invasion et du d(
« membrement de la France. »

Ainsi finit ce second empire, par une catas
trophe épouvantable, dans la honte, dans le m(
pris, dans la ruine, dans le sang. La Franc
meurtrie, foulée aux pieds par l'envahisseur ba
bare, maudit une dernière fois cette race fata
des Bonaparte, et son cri d'exécration retenti
dans les siècles. Né de l'émeute, mort par l'inva
sion, l'Empire est fini pour toujours ; la sanglan
légende, qui commençait à s'effacer dans les mé
moires oublieuses, a vécu ce qu'il fallait pour qu
nous nous rappelions à jamais quels désastre
inouïs dans les annales des peuples modernes
attiré sur la patrie ce chaos d'impéritie, de foli
de trahison, de dégradation morale et intellec
tuelle qui s'appelle le second Empire.

Prix : 30 centimes.

(Le cent : 20 francs).

Tours. — Imp. Mazereau.